Перший ілюстрований словник
Тварини

First Picture Dictionary
Animals

Свиня
Pig

Кролик
Rabbit

Метелик
Butterfly

Лисиця
Fox

Ілюстрації: Анна Іванір

www.kidkiddos.com
Copyright ©2024 by KidKiddos Books Ltd.
support@kidkiddos.com

All rights reserved. No part of this book may be reproduced in any form or by any electronic or mechanical means, including information storage and retrieval systems, without written permission from the publisher, except in the case of a reviewer, who may quote brief passages embodied in critical articles or in a review.
First edition, 2025

Library and Archives Canada Cataloguing in Publication
First Picture Dictionary - Animals (Ukrainian English Bilingual edition)
ISBN: 978-1-83416-252-2 paperback
ISBN: 978-1-83416-253-9 hardcover
ISBN: 978-1-83416-251-5 eBook

Дикі тварини
Wild Animals

Лев
Lion

Тигр
Tiger

Жирафа
Giraffe

Слон
Elephant

◆ Жирафа – найвища тварина на суші.
◆ *A giraffe is the tallest animal on land.*

Мавпа
Monkey

Дикі тварини
Wild Animals

Бегемот
Hippopotamus

Панда
Panda

Лисиця
Fox

Носоріг
Rhino

Олень
Deer

Лось
Moose

Вовк
Wolf

Білка
Squirrel

◆ *Лось добре плаває і може пірнати під воду, щоб їсти рослини!*

◆ A moose is a great swimmer and can dive underwater to eat plants!

Коала
Koala

◆ *Білка ховає горіхи на зиму, але іноді забуває, де їх сховала!*

◆ A squirrel hides nuts for winter, but sometimes forgets where it put them!

Горила
Gorilla

Домашні тварини
Pets

Канарка
Canary

◆ *Жаба може дихати як через шкіру, так і через легені!*
◆ *A frog can breathe through its skin as well as its lungs!*

Морська свинка
Guinea Pig

Жаба
Frog

Хом'як
Hamster

Золота рибка
Goldfish

Собака
Dog

✦Деякі папуги можуть повторювати слова і навіть сміятися, як людина!

✦*Some parrots can copy words and even laugh like a human!*

Кіт
Cat

Папуга
Parrot

Тварини на фермі
Animals at the Farm

Корова
Cow

Курка
Chicken

Качка
Duck

Вівця
Sheep

Кінь
Horse

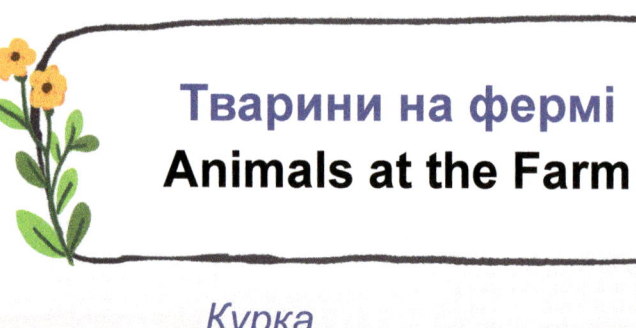

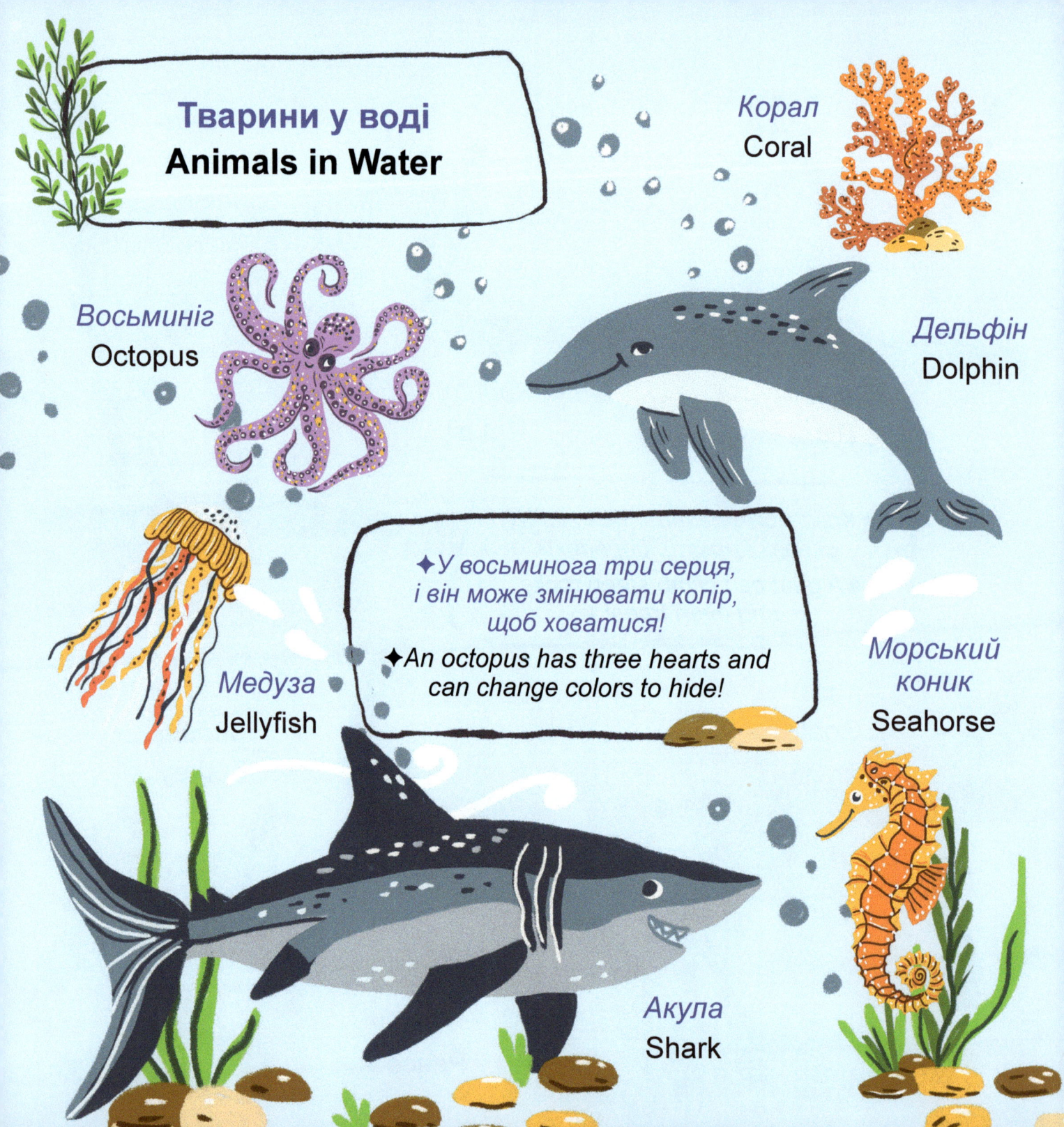

Комар
Mosquito

Бабка
Dragonfly

✦ *Бабка була однією з перших комах на Землі ще до динозаврів!*
✦ *A dragonfly was one of the first insects on Earth, even before dinosaurs!*

Бджола
Bee

Метелик
Butterfly

Сонечко
Ladybug

Борсук
Badger

Дикобраз
Porcupine

Бабак
Groundhog

✦ *Ящірка може відростити новий хвіст, якщо втратить старий!*
✦ *A lizard can grow a new tail if it loses one!*

Ящірка
Lizard

Мураха
Ant

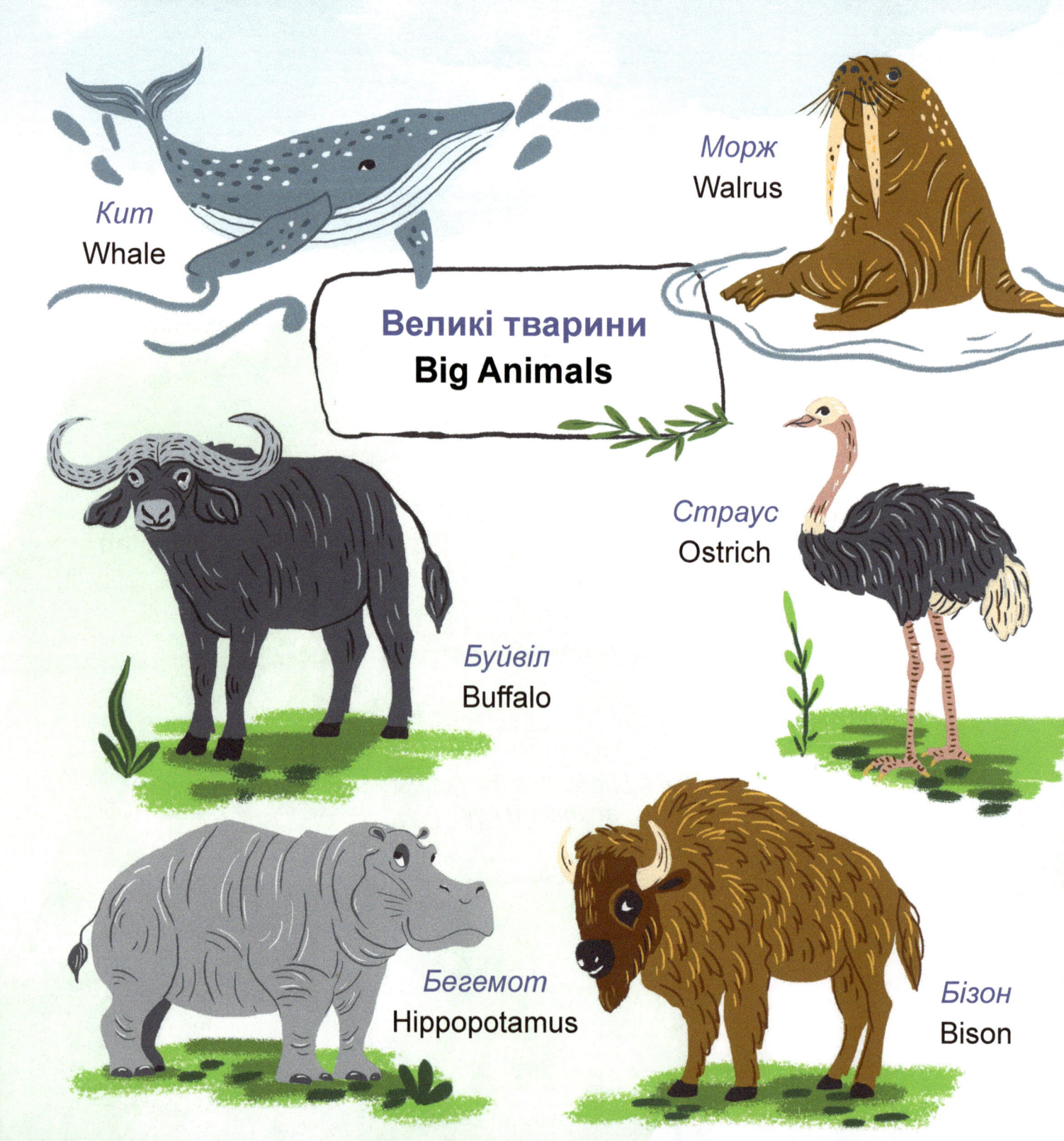

Маленькі тварини
Small Animals

Хамелеон
Chameleon

Павук
Spider

✦ *Страус – найбільший птах, але він не вміє літати!*
✦ *An ostrich is the biggest bird, but it cannot fly!*

Бджола
Bee

✦ *Равлик носить свій дім на спині й рухається дуже повільно.*
✦ *A snail carries its home on its back and moves very slowly.*

Равлик
Snail

Миша
Mouse

Тихі тварини
Quiet Animals

Сонечко
Ladybug

Черепаха
Turtle

✦Черепаха може жити як на суші, так і у воді.
✦A turtle can live both on land and in water.

Риба
Fish

Ящірка
Lizard

Сова
Owl

Кажан
Bat

✦ Сова полює вночі й використовує слух, щоб знайти їжу!
✦ An owl hunts at night and uses its hearing to find food!

✦ Світлячок світиться вночі, щоб знайти інших світлячків.
✦ A firefly glows at night to find other fireflies.

Єнот
Raccoon

Тарантул
Tarantula

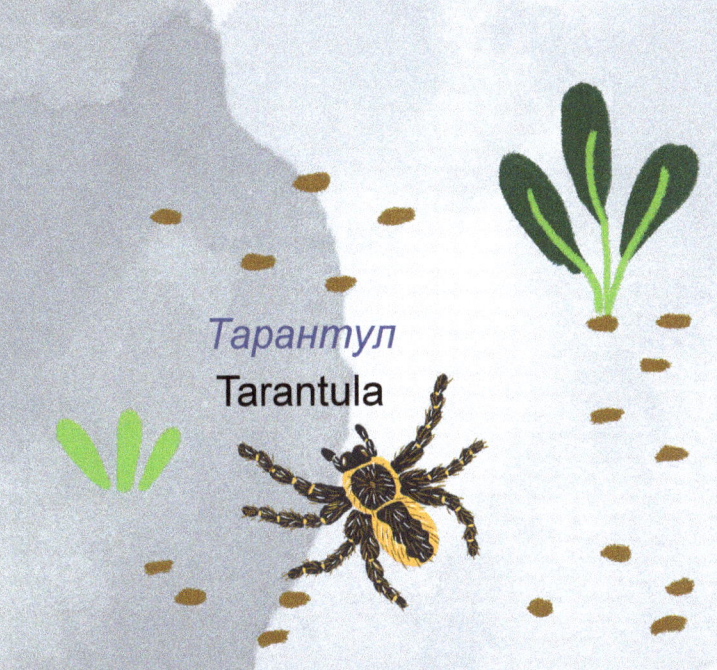

Кольорові тварини
Colorful Animals

Фламінго рожевий
A flamingo is pink

Сова коричнева
An owl is brown

Лебідь білий
A swan is white

Восьминіг фіолетовий
An octopus is purple

Жаба зелена
A frog is green

✦Жаба зелена, щоб ховатися серед листя.
✦*A frog is green, so it can hide among the leaves.*

Тварини та їхні дитинчата
Animals and Their Babies

Корова і теля
Cow and Calf

Кішка і кошеня
Cat and Kitten

✦ *Курча спілкується з мамою ще до того, як вилупиться.*
✦ *A chick talks to its mother even before it hatches.*

Курка і курча
Chicken and Chick

Собака і цуценя
Dog and Puppy

Метелик і гусінь
Butterfly and Caterpillar

Вівця і ягня
Sheep and Lamb

Кінь і лоша
Horse and Foal

Свиня і порося
Pig and Piglet

Коза і козеня
Goat and Kid

www.ingramcontent.com/pod-product-compliance
Lightning Source LLC
LaVergne TN
LVHW070123080526
838200LV00086B/287